AF595204

DOM-BOUGRE

AUX

ÉTATS-GÉNÉRAUX,

OU DOLÉANCES

DU PORTIER DES CHARTREUX;

Par l'Auteur de la Foutromanie.

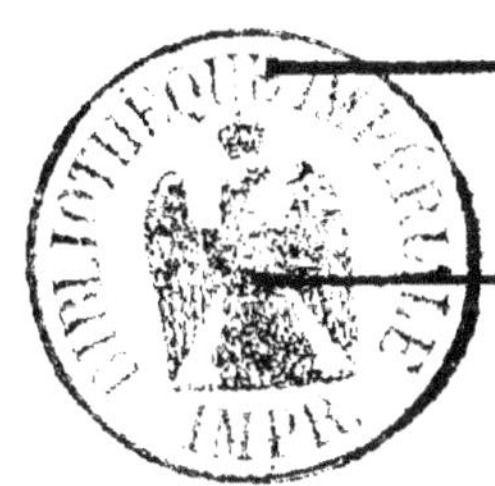

Latet anguis in herba.
Virgile.

A FOUTROPOLIS,
Chez BRAQUEMART, Libraire, rue Tire-Vit,
à la couille d'or.

Avec Permission des Supérieurs.

DOM-BOUGRE
AUX ÉTATS-GÉNÉRAUX.

Il y a des hommes qui vont droit au fait, qui déchargent & ne sont plus bons à rien. Si les femmes n'avoient que leur con à satisfaire, ce seroit ceux-là peut-être qu'elles préféreroient, mais elles ont une imagination, un amour-propre, un désir de commander, qui font souvent que la fouterie n'est pas leur plus chère jouissance.

Telle qui auroit préféré, il a six mois, un vit de sept pouces, orné d'un poil noir, rude & touffu, préféreroit d'avoir entre les mains le vit flasque d'un vieux député qui se signale dans l'assemblée nationale par la hardiesse de ses motions. Elles croiroient donner des loix à la France, en flagellant les fesses du bon-homme, en lui chatouillant le prépuce, en régénérant sa constitution délabrée.

Femmes! femmes, vous n'y êtes pas, je l'espère.

Nos députés savent que c'est une grande qualité pour un législateur que de se branler le vit. C'étoit là le grand secret de Lycurgue. S'il eut passé son temps à patiner un cul féminin, à arroser une motte, il auroit vraiment fait de belles loix.

Branlez vous, messieurs, branlez-vous trois fois par jour, plutôt que de venir tous les dimanches à Paris trouver les Garces du Palais-Royal, dont le vagin meurtrier vous donneroit pour un quart-d'heure de plaisir, une semaine d'inquiétude. Dites-moi, peut-on travailler quand, de demi-heure en demi-heure, on est forcé de regarder à son vit s'il ne coule point, ou à son prépuce s'il ne se garnit pas de chancres.

N'allez pas aussi vous frotter à ces belles dames de Versailles, elles vous feront voir une gorge d'albâtre, elles découvriront une jambe divine, elles vous agaceront, vous passeront même, en plaisantant, la main sur la cuisse ; mais ce sera tout, en vous parlant en faveur du systême aristocratique, ou des frayeurs que leur causent les révolutions.

Allez, sortant de là, parler de constitution, d'impôt, de liberté, ce maudit con que vous osez espérer toucher le soir même, va vous faire parler tout de travers, vous vous croirez des représentans d'une nation libre, & vous ne serez que des Jean-foutre.

Je le répète donc, si les cons s'en mêlent, la constitution est au foutard.

Vous désirerez peut-être savoir, messieurs, quel est l'homme qui ose vous parler si librement : messieurs, je suis de vos amis, & vous me connoissez tous. Il n'est pas un de vous dans les trois ordres qui n'ait lu mon histoire dans son enfance, qui ne se soit branlé dessus, & qui ne l'ait prêtée à quelque femme dont elle lui a valu les faveurs.

Je viens d'abord, messieurs, renoncer au privilége dont je jouis depuis plus de dix ans, d'être le livre de fouterie par excellence : d'infecter les couvens & les colléges, d'y former un tas de petits bougres & de petites tribades, qui se tuent avant l'âge, en allant dans les chapelles & oratoires lire mon admirable histoire, & se masturber aux pieds des autels.

Je viens enſuite, meſſieurs, vous apprendre les moyens d'obvier à ces profanations, d'épurer les mœurs, de prévenir le bâtardiſſement de la race humaine, de détruire l'adultère, la ſodomie, la beſtialité & autres vices qui dégradent les Français depuis cinq à ſix générations.

Mes doléances porteront donc ſur tous les abus particuliers que l'on fait du vit, des couilles, de l'anus, des tétons, de la langue, du clitoris, des feſſes, de la bouche. Je tâcherai de paſſer en revue tous les genres de putains & de femmes honnêtes, filles ou mariées; je n'oublierai ni les enfans, ni les vieillards, ni les moines, ni les abbés, ni les pages. Vous verrez, meſſieurs, s'il ne vous faudra pas plus de vingt ſéances pour faire une loi qui ramène les hommes & les femmes à foutre tout bonnement, pour faire des enfans & ſe dégorger les reins.

O garces & chaude-piſſes qui m'avez gâté le tempérament; garces à ſentiment, qui m'avez corrompu le cœur; garces à argent, qui avez ruiné ma bourſe; garces de toute eſpece, tant mâles que femelles, votre règne va finir: ce n'eſt pas du foutre, c'eſt du ſang que la nation verſe dans cette grande époque.

CHAPITRE PREMIER.

Des filles de joie.

L'ABUS principal du commerce des filles de joie, eſt qu'elles ne ſont tenues par aucune loi de déclarer ſi elles ont du mal. D'où il arrive ſouvent qu'on attrape la vérole, en croyant avoir un pucelage.

On voit tant de jeunes médecins & chirurgiens qui s'y trompent, qu'il n'est pas étonnant que tout autre y soit pris.

Souvent, pour inspirer une confiance qu'elles ne méritent pas, elles offrent hardiment de subir une visite, & voilà la putain qui se jette sur le dos, écarte les cuisses & se trousse jusqu'au nombril.

La chandelle à la main, le miché met un genou à terre, écarte les lèvres de la matrice, n'y voit rien, & s'empoisonne.

Ne se trouvera-t-il pas dans le nombre des députés, un galant homme qui, ayant essuyé cinq à six chaude-pisses & une bonne vérole, sente le besoin urgent de faire une motion sur ce sujet.

Il doit demander, au moins, que toute fille de joie soit tenue de se faire visiter tous les jours, & de tirer un certificat de visite du chirurgien, pour l'exiber aux fouteurs qui se présenteront chez elle.

Ces cons que l'on laisse ravager impunément toutes les générations, ont encore le singulier privilége de se mettre à quel prix bon leur semble. L'arbitraire ne sauroit être porté plus loin, on en a vu exiger jusqu'à 12 liv. d'un vieillard ou d'un abbé, qui branloient pour vingt-quatre sols un jeune-homme qui leur disoit qu'il n'avoit que cela.

Les filles de joie se sont aussi arrogées le droit de fouiller dans les poches des michés, & jusques dans leurs souliers, elles supposent qu'ils cachent leur argent pour ne leur donner qu'une pièce qu'ils laissent dans leur gousset.

Il n'est pas de commerce dans lequel il y ait plus de mauvaise foi que dans le leur. On conviendra avec une coquine de lui donner trois livres pour la foutre, ou pour décharger ſur ſes tétons, pour l'enculer? Eh bien! elle commence par recevoir le petit écu, puis elle ne veut plus que branler la pine, à moins qu'elle n'aye à faire à un fouteur qui la menace de la canne pour faire tenir le marché.

Quand elle ſent qu'elle eſt avec un provincial un peu déniaiſé, elle ſuppoſe qu'elle a du mal, « mon bon ami » dit-elle d'un air virginal », tu » as l'air d'un bon garçon, il ſeroit dommage » de te gâter; tu me baiſeras ſi tu veut; mais » je te préviens que j'ai du mal, — Eh, bou- » greſſe! pourquoi ne l'as-tu pas dit avant de » recevoir mon argent? — Mais tu vois bien » qu'il faut que je vive, allons, baiſe, baiſe, je » m'en fou; mais je n'aurai point ton mal ſur » ma conſcience, ſouviens-toi que je t'ai pré- » venu ».

Autre ruſe, quand la putain a reçu l'argent pour foutre ou branler, elle demande de l'argent pour ſe mettre *toute nue*, ou pour donner *le plaiſir de Marſeille*, c'eſt-à-dire mettre le doigt dans le cul; elle importune le ribaud, tout en le branlant, elle le diſtrait par ſes propos, elle donne mal le coup de poignet, & ſi ce n'eſt pas un homme ferme qui ne ſe laiſſe point gagner, & qui lui diſe, *branle, branle, ou bien allons, fou-toi là*, elle le tient dans les angoiſes un quart-d'heure, & il eſt tout ſurpris de ſe trouver fatigué avant d'avoir fini.

Quand elle ne peut rien obtenir de plus, dès le dix ou dixième coup de poignet, ou de cul, accompagné de la formule ordinaire, *donne du foutre, ma petite maman*, elle s'impatiente&

reproche le tems qu'elle perd : alors si c'est un rusé compagnon, il voit qu'elle est pressée, il lui dit de prendre telle ou telle posture, la seule qui le fasse décharger promptement, il feint de s'être mépris, & la fait changer cinq à six fois, essaie tour-à-tour, les cuisses, le con, les fesses, les tétons, *et fait* celle qui comptoit *le faire.*

Le remède à tous ces abus, seroit, je crois, d'adopter le systême de feu sieur de la Brétonne, grand écrivain moraliste, il a proposé dans un ouvrage intitulé *le Pornographe*, de chasser toutes les filles de joie, de les diviser en différentes maisons. Les prix différens seroient gravés sur la porte d'entrée, à-peu-près ainsi : *bordel public, de* 12 *liv. à* 3 *liv.*, & sur les portes de celles-ci seroient d'autres écriteaux particuliers, tels que *fouteuse, gros téton, poil noir,* 6 *liv.* ou bien branleuse, petite taille, blonde, jolie main, 3 liv.

Il est certain que ce plan, outre qu'il éviteroit tous les inconvéniens dont nous avons fait mention, faciliteroit la visite & la guérison des cons malades, qui seroient mis dans les chambres de branleuses ; il ôteroit de dessous les yeux des femmes & filles honnêtes, l'effrayant scandale de la prostitution publique.

Nous ajouterons aux réflexions du sieur Rétif, que dans les émeutes populaires, le gouvernement auroit sous sa main des escadrons de filles qu'il pourroit faire marcher tétons à découverts, dans les lieux où le peuple s'attrouperoit ; il leur ordonneroit de ne rien prendre pour donner du plaisir ; on verroit aussi-tôt mes mutins perdre de vue l'objet de leurs criailleries, lorgner une gorge, y porter la main, entraîner la fille dans une allée, et d'après la maxime *omnia animale triste post civitum*, on ſent que la ſédition ſeroit bien vîte appaiſée.

CHAPITRE II.

Des Sodomistes.

Il y a trois eſpèces de gens qui foutent en cul. Il y a bien peu d'hommes à qui cela ne ſoit arrivé une fois dans ſa vie, par curioſité, par yvreſſe, par ennui ou autrement, nous ne parlons que de ceux à qui cela arrive habituellement.

La première eſpèce & la moins coupable, eſt compoſée de ceux qui enculent des putains qui font le métier de *tourner la médaille*, expreſſion conſacrée pour exprimer le parti qu'elles prennent lorſque la vieilleſſe ou le défaut de charmer leur ôte le moyen de ſubſiſter, et faiſant loyalement le commerce, ce ſont les contrebandières de la fouterie.

Elles commencent toujours par ſe récrier quand on le leur propoſe, elles diſent qu'il y a deux jours, elles ont refuſé dix louis pour cela ; elles ſe font preſſer, enfin, elles feignent de ſe rendre aux déſirs ardens du miché, & à l'envie de ſavoir *comment ça fait*. Salive, pommade, ſuif, tout eſt mis en uſage, puis les ah ! les grincemens de dents. Elles mordent dans la couverture pour étouffer les cris, & jurent après l'opération de ne plus la ſubir. Au bout de huit jours, elles ne reconnoiſſent plus le paillard, & elles lui font le même tour de paſſe-paſſe.

La ſeconde eſpèce eſt de ceux qui enculent

leurs propres femmes, c'eſt ordinairement un acte de deſpotiſme & de tyrannie de la part du mari ; ſi on le lui refuſe, il boude, il jure, il retranche la penſion, plus de ſpectacle, plus de promenade, & pis que cela, il fait jeûner le con, qui au bout de quelques tems, perſuade à ſon voiſin d'avoir pitié de lui.

Dirai-je qu'il eſt des hommes qui abuſent de la religion pour loyoliſer leurs femmes ; qui leur prouvent, lorſqu'elles n'ont pas d'enfans, qu'elles peuvent concevoir par l'anus, & que la thèſe d'un louis à la main, avec l'approbation de la Sorbonne, forcent la pauvrette à ſouffrir qu'on lui ſonde le boyau cuillier.

La troiſième eſpèce eſt de ceux qui enculent des mâles. La raiſon de la préférence qu'ils leur donnent ſur les femmes, eſt qu'*on ne sert point un gigot ſans manche*. Dans cette claſſe, il faut comprendre les écoliers, qui le font par poliſſonnerie, les ſoldats par défaut d'argent, les moines par néceſſité.

Quant aux bardaches, il eſt conſtant qu'ils ne le font que par avarice, puiſqu'ils n'ont aucun plaiſir & qu'ils s'expoſent au mépris & aux ſaſcarmes, bien plus que les bougres. On ſait que Volange diſoit à un acteur des Italiens, avec qui il avoit diſpute : *mademoiselle, si je ne respectois notre sexe, je vous donnerois des coups de canne.*

Les empereurs romains avoient condamnés les bougres & bardaches à la peine du feu. Pluſieurs pourtant d'entr'eux ne l'étoient pas mal, témoin ce Céſar, qu'on appelloit *le mari de toutes les femmes, et la femme de tous les maris* ; ce Tibère qui se faiſoit lêcher les couilles par des enfans ; ce Néron qui fit châtrer un de ſes mignons pour qu'il reſſemblât mieux à une femme, & qui ſe prêtoit lui-même à un de ſes affranchis, en contrefaiſant les cris d'une fille qu'on dépucèle.

L'excès du mal vient peut-être de l'excès de la peine brûler ! C'eſt bien ſérieux, & qui dénoncera une homme qu'on doit brûler s'il eſt convaincu ? S'il plaiſoit à nos ſeigneurs des états d'ordonner que les bougres & bardaches ſeroient publiquement flagellés ſur les épaules par des filles de joie, en faveur de qui on pourroit créer des offices de correctrices. Le nombre de coups ſeroit en proportion de la gravité de la faute. La correction ne ſeroit point réputée infamante, tous les états, tous les âges y ſeroient ſoumis. Cinq ou ſix exemples fait ſur des abbés, des marquis, même ſur des maréchaux de France, s'il y avoit lieu, réprimeroient avant peu le goût horrible que les révérends pères Jéſuites n'ont que trop enraciné en France.

CHAPITRE III.

De la Beſtialité.

La beſtialité eſt le crime des ſimples ou des foux. On demande à un jeune payſan que l'on trouve accouplé avec une vache, ce qu'il fait ? *Eh, mais*, répond-il, *je faiſons un monſtre pour la foire S. Germain.*

Il n'y voyoit pas plus de conſéquence: ce ſont en général les jeunes bergers qui goûtent le plaiſir par cette voie ; les filles de village ſont trop ſages, & les garçons trop occupés. Le berger ſeul, couché ſur l'herbe, rêve, bande, ſe branle, voit ſon bouc foutre ſa chêvre, rebande & va prendre la place du bouc..... *torva tuentibus hircis.* Les pauvres enfans! les parlemens les font impitoyablement brûler, hélas! il falloit ſeulement leur donner des filles, ou les marier!

Le remède à ce mal n'eſt pas facile à trouver, ſi ce n'eſt d'ordonner ma loi: que tout berger chargé de conduire un troupeau de chêvres, de vaches, ou de brébis, mènera ſa bergère avec lui aux champs.

CHAPITRE IV.

De l'Inceste.

Il y a à parier que Caën, Abel, & les autres enfans d'Adam, ont foutu leurs ſœurs; ſans cela la poſtérité du bon-homme eut été bientôt éteinte.

L'inceſte n'eſt donc pas un crime contre nature, il eſt au contraire dans la nature. Ce ſont nos loix civiles qui le défendent. Or, il n'eſt rien de ſi facile que de l'éluder la loi civile. C'eſt de baiſer en cachette & d'être diſcret.

Voilà le grand raiſonnement des frères qui voyent une jolie ſœur, dévorée du déſir de perdre ſon pucelage, & qui craignent de ſe voir ſupplantés par un maître de danſe ou par un laquais. Le raiſonnement eſt-il bon? je l'ignore, j'ai toujours beaucoup plus foutu que raiſonné; on voit dans mon hiſtoire que j'y ai fait paſſer le con de ma mère & de ma ſœur. C'eſt encore là un moyen de ſéduction des frères; ils font lire à leurs ſœurs, elles s'échauffent, on ne les ſoupçonne pas, ils ſont ſeuls; le frère uſe d'un peu de violence, & voilà l'amour fraternel en poſsession de tout. A la vérité, il est rare que les frères, sur-tout lorsqu'ils sont abbés, déchargent dedans, ils jurent de *moucher la chandelle*, & ils le font ; mais quand ils manquent leur coup, & que la sœur est grosse, ils se mettent en campagne pour lui chercher un amant, ils la marient mal, très-mal, toujours avec un sot ; le frère lui fait faire un avantage à la sœur dans le contrat de mariage, & le cher beau-frère à la vache & le veau.

Il seroit juste que messeigneurs les députés prissent cet exposé en considération, il est très-facile de réformer ces abus, en accordant aux François deux points très essentiels ; le premier, d'épouser leurs sœurs quand il leur plairoit ; le second, de répudier leurs femmes à volonté. Cela existe chez d'autres nations, pourquoi le refuser à un peuple, si ce n'est pour le rendre criminel. D'un seul mot, on peut anéantir l'inceste, l'adultère & le cocuage.

CHAPITRE V.

Du Gamahuchage.

Si tout ce qui tend à la dépopulation est un crime de l'érection, & s'il est de l'essence d'une bonne constitution de ne pas le laisser impuni & même de la prévenir, il faut que notre code national pourvoie *aux gamahuchés*, mode de fouterie qui fait répandre tous les jours une immense quantité de foutre en pure perte.

Si, messieurs les députés étoient à portée de leurs femmes, ils pourroient se faire expliquer cela, & pour peu qu'ils fussent complaisans, elles les feroient paſſer bien vîte de la théorie à la pratique.

Gamahucher, c'eſt faire avec la langue & la bouche, l'office du membre viril ou du vagin.

L'homme place ſa langue ſur le clitoris de la femme, il lui donne de légères titillations, il aſpire à lui l'intérieur des lèvres de la motte, puis il lèche de haut en bas le clitoris & ſes ramifications ; enfin quand la femme lui preſſe fortement la tête ſur ſes cuiſſes, il tourne la langue avec force autour du clitoris, en redoublant toujours le mouvement juſqu'à ce qu'elle décharge.

La femme, pour payer de retour, prend entre ſes lèvres le gland du vit, en le faiſant doucement entrer & ſortir dans ſa bouche ; ſa langue eſt placée ſur l'orifice du canal de l'urètre, elle le lêche ou le pointe, pendant que d'une main elle chatouille le pubis.

Une femme honnête, quelqu'amoureuſe qu'elle ſoit, ne reçoit pas la gorgée, mais une putain la reçoit. Cela dépend ſouvent du prix.

Ce plaiſir étant très-vif, les femmes y ſont portées aujourd'hui avec fureur. Les hommes s'y adonnent auſſi, parce qu'ils ſont uſés ; que les cons même de quinze ans ſont d'une largeur effroyable, & que les chaude-piſſes ſont très-communes.

Un très-habile calculateur a démontré, qu'à Paris ſeulement, il ſe verſoit par les gamahucheurs, trois muids & demi de foutre, ce qui auroit donné la vie à trente mille enfans, en ſuppoſant que ſur tous les coups il n'y eut qu'un neuvième qui portât.

O mauvais citoyens ! ceſſez, ceſſez ce jeu exécrable, foutez mes amis, foutez & peuplez, c'eſt le grand objet de la nature.

CHAPITRE VI°. *et dernier.*

De quelques autres abus qui nuisent à la population.

1°. Nuisent à la population tous ceux qui usent de rédingottes à l'anglaise, c'est-à-dire, de *gondons*, ou boyau de bœuf, dans lequel ils enchassent leur vit avant de l'introduire dans le con ; mais le mal n'est pas grand, comme c'est contre les cons vérolés ou soupçonnés de chaudepisses, que l'on prend cette précaution, l'enfant qui en seroit venu auroit été peut-être à charge à la société.

2°. Il faut aussi réputer mauvais citoyens tous ceux qui déchargent dehors, c'est ordinairement la faute des femmes, qui ayant deux ou trois enfans n'en veulent plus faire, & qui, dans la crainte que leurs maris n'aillent au bordel, les soulagent par cet exercice. Cette secte s'étend tous les jours sur-tout parmi les bourgeoises ; il est essentiel d'y pourvoir, je ne sache d'autre moyen que des primes pour la naissance des enfans.

3°. Ceux qui ont adopté la posture inverse, c'est-à-dire, qui font monter les femmes sur eux, ne font point d'enfans, parce que dans cette attitude, la nature est contrariée.

Il n'est pas encore décidé si ceux qui foutent *en lévrette* nuisent à la population. Il faudroit faire examiner la chose à fond par les casuites & physiciens, & prohiber ou autoriser cette posture s'il y avoit lieu.

4°. Les femmes qui se branlent le clitoris avec le doigt pendant qu'on les fout, sont sujettes à ne point faire d'enfans. On pourroit autoriser les hommes à les souffleter lorsqu'ils s'en appercevroient, d'autant que plusieurs livres de chirurgie établissent qu'un soufflet donné au moment de l'éjaculation peut faire retenir, c'est-à-dire, causer une sympathie à la matrice, d'après laquelle la femme conçoit plus facilement.

5°. Ceux qui perdent leur temps à foutre des femmes grosses, font deux mauvaises actions; ils dépeuplent, & il peuvent tuer le germe que la femme porte en son sein. Je crois qu'il faudroit permettre aux hommes, dont les femmes sont grosses, de prendre une concubine au troisième mois, laquelle ils quitteroient dès qu'elle seroit enceinte pour en prendre une autre; les enfans de celle-ci seroient bâtards, sans doute, mais l'Etat les adopteroit, & au lieu d'avoir des Suisses, des Allemands à notre service, nous composerions un corps de troupes qui pourroit devenir l'élite de nos armées.

CONCLUSION.

Voilà mes doléances, elles ne ressemblent en rien à celles qui sont contenues dans les cahiers des bailliages, mais elles ne sont pas moins intéressantes, puisqu'elles touchent au point essentiel du bonheur & de la population. On y aura égard, ou on s'en foutera aux états-généraux, je m'en fouterai aussi, moi; car si je n'ai pas fait de bien en les publiant, je n'aurai pas fait de mal. Je n'apprends rien à personne, & je ne serai pas cause qu'on pendra des ministres & des intendans.

Peut être en foutera-t-on quelques coups de plus, eh, tant mieux! Quand les enfans pleurent ou se fâche, il leur faut des hochets.

FIN.

www.ingramcontent.com/pod-product-compliance
Lightning Source LLC
LaVergne TN
LVHW050232180726
843501LV00013BB/3778

* 9 7 8 2 3 2 9 6 2 3 7 5 7 *